Marion Jana Goeritz

Es wird grüner

Gedichte

Bibliografische Information der Deutschen Nationalbibliothek:

Die Deutsche Nationalbibliothek verzeichnet diese Publikation in der Deutschen Nationalbibliografie; detaillierte bibliografische Daten sind im Internet über http://dnb.dnb.de abrufbar.

Herstellung und Verlag: BoD – Books on Demand, Norderstedt

ISBN: 978-3-7504-2088-5

Herzlich Willkommen
liebe Leser,

wenn Gedanken sich ein-
stellen und Seelen fühlen
Wahrheit darin, kann Hei-
lung geschehen. Jeder Le-
ser entscheidet für sich.

Herzlichst

Marion Jana Goeritz

Da war ein Augenpaar,
suchender Blick, noch leer.
Gab es einen Raum,
der noch etwas
verborgen hielt?
So schaute es in die Welt.
Sah Liebe,
doch fühlte Einsamkeit.
Kalte Blicke,
berühren unmöglich.
Tiefes Seelenmeer,
als ein Stein
in dein Wasser fiel,
rollten deine Wellen an Land.
Sie bekamen das,
was nur
gegeben werden konnte.

Gedanken stellten sich ein,
Gefühle wanderten,
wünschten Liebe
zu sich selbst
und zu einem anderen,
der das fühlt,
weil er es auch so lebt.

Liebe lebt im Gefühl.
Sichtbar,
durch liebevolles Tun.
Ein Gefühl der Wahrheit
in uns,
das stets
Klarheit in uns birgt.

Auf dem Weg ins Leben,
auch Steine aufgelesen?
Tränen fanden ihren Weg
hinaus aus den Kanälen,
doch wandelten sich
im Sonnenschein zu Perlen.
Grüner Rasen,
blauer Himmel,
schöne Zeiten.
Auf dem Weg ins Leben
wird man sich finden.
Vertrauen ist gefragt.

Ist es
schon immer so gewesen?
Mit „Trennkost",
können wir
Zusammenhänge
besser verstehen,
gegebenenfalls,
auch bereinigen?

Gefühle,
die eine Festung sind,
uneinnehmbar scheinen,
haben Selbstliebe gelernt
oder
haben es erst noch vor?

Sollte man selbst
schon glücklich sein,
um einen anderen
glücklich sehen zu können?
Um eine Beziehung
zu wagen,
sollte man selbst zumindest
zufrieden sein?
Damit der andere keine Last
zu tragen hätte?
Um wirklich glücklich
leben zu wollen,
braucht es wohl zwei,
die sich selbst
zu lieben gelernt haben?

Leichter
Schneeflockenwirbel.
Schneeflocken setzten sich
auf ihr Haar,
ihre Locken geziert,
mit glitzernden Sternen
und seichte Wellen
fanden zum Strand.
Bewegten vieles zwischen
Steinen und Sand.
Ein kleines Café
lud sie zum Verweilen ein.
So trat sie ein,
trank eine
heiße Schokolade,
schaute dabei

aus dem Fenster,
hinaus auf das Meer
und fühlte,
dass die große Freiheit,
keineswegs das Glück war,
das sie bereit,
auf sich zu nehmen.
Ein Lächeln
auf ihrem Gesicht.
Sie hatte erfühlt,
Liebe ist mehr,
als allein am Meer
zu tanzen.

Früher an trüben Tagen,
die der Seele
Geschichten erzählten,
von Unklarheiten,
da brauchte sie
mehr Geborgenheit.
Sie suchte Halt im Gefühl,
das vorausschauend
Liebe ihr schenkte.
Doch aus den trüben,
wurden sonnenreiche Tage.
Sie vertraute ihrer Liebe,
die sich immer
gesund ernährt.

Wenn die Stille spricht, im
Angesicht
der Achtsamkeit,
weil es der Seele
dienlich ist und
sie fühlt die Worte
der Liebe,
die aus dem Seelenmeer
empor schwimmen,
füllt sich das Leben
wieder mit Schönheit.

Alte Fragen
kehren vielleicht wieder,
tauchen Erinnerungen auf?
Immer noch kein Loslassen,
weil die Antwort fehlt?
Das Wichtige ist doch aber,
die Antwort
kann erst kommen,
wenn wir unser
eigenes Gefühl gefunden.
Denn erst dann,
können wir
die Antwort fühlen,
weil das Gefühl geheilt.

Es geschah
gestern am Meer,
als Wellen mit sich nahmen,
was lose war.
Es ging auf Reisen
ohne Wiederkehr.

Was sollte
unser erstes Wort
gesprochen im Leben sein?
Mama, Papa?
Oder doch Liebe?

Schweben Engel,
glänzt der Himmel am Abend
durch Abertausend Sterne.
Die Erde dreht sich
in ihrem schönsten Kleid
und wir staunen
über diese Schönheit,
welche uns immer
wieder besucht.
So dürfen wir auch
unsere Herzen öffnen,
unsere Seelen
möchten Liebe.

Es war eine Zeit
des Umbruchs
die Veränderung
schlummerte in uns.
Niemand wusste
was geschehen würde
und doch folgten wir
unserem Weg.
Manchmal Mühe,
manchmal Freude.
Jedoch Herzens weg.
Doch Fragen wurden lauter.
"Warum jetzt, warum wir?"
Die Antworten,
sie lagen bereits in uns,
wartend nur entdeckt
zu werden.

Vergebung
konnte geschehen.

Du fliegst mit den Engeln
und schaute ich nach oben,
fühlte ich dich
im Glitzerkleid,
das im Sternenwind wehte.
Über den Meeren
es sich bewegte
und deine Seele
von der Sonne erzählte.
Von ihren
goldenen Strahlen,
welche deine Seelenhaut
zärtlich streifte.
Es ließ mich nur erahnen,
welchen Weg du gewählt,
nach deiner großen Reise.

Das dunkle Meer,
das es gestern noch war,
ist heute ein Glitzermeer
über hellem Grund.
Sonnenlicht scheint,
Seele lacht und es bleibt.

Es waren Schritte
ins Ungewisse,
jedoch weg von dem,
was schmerzte.
War es anfänglich
auch etwas unsicher,
mit jedem Schritt
wurden wir sicherer im Gehen.
Die Sonne
nehmen wir wieder wahr
und das unser Leben,
nur uns gehört.
Die positive Kraft wächst
in uns heran,
zeigt uns,
wer wir wirklich sind.
Liebe.

Der Himmel
über uns kaum noch geteilt,
verbunden
durch ein
helles Seelenmeer.
Mussten jedoch
erst ertragen,
was den anderen schmerzte.
Doch aus Schmerz
hat sich Freude aufgetan.
Heute sind wir größer,
als wir es gestern
noch waren.
Wenn auch Hände
sich nie berühren
und jedes Herz

für einen anderes schlägt,
der Weg
ist beendet,
weil meine Seele
keine Liebe
in deiner Seele je gefühlt.

Lache
so laut du kannst.
Rufe in die Welt, Freude!
Halt den Menschen,
der sich in Liebe dir zeigt.
Sei wieder Kind,
ob Mann oder Frau.
Sei einfach du,
in aller Konsequenz.
Singst du auch Lieder,
deren Texte du kaum kennst.
Wenn am Abend
die Sonne
das Wasser küsst,
wirst du verstehen,
was Liebe ist.

Der Kette dunkle Perlen,
sie fielen zu Boden,
verstreuten sich
in alle Winde.
Hoffnung
schenkte die Antwort Grün,
durchbrach das kalte Eis.

Was wird von mir
einmal bleiben,
wenn meine Zeit
auf Erden einmal um?
Wird nach mir
noch jemand fragen,
sich erinnern liebevoll?
Sich vielleicht
erkennen auf weißen Seiten?
Denken, damals,
war es auch schon so?
Und hätte ich
ein Buch gelesen,
"Seele,
schönster Glitzerschein?"

Im Gemenge,
begegnen ihr Augenpaare.
Grün, blau, braun.
Erzählen traurig,
gestresst, freudig, mutig.
Ihr Grün strahlt heute,
weil sie sich
für Heilung
entschieden hat.

Manchmal
trat meine Mitte,
einen Schritt zur Seite.
Eine seiner Tränen
bewegte sie.
Doch als ich
den zugezogenen Vorhang
schob zur Seite,
fühlte ich seine Liebe nie.
War es eine
narzisstische Verlegenheit?
Auf jeden Fall,
musste er lernen,
auf positiven Wegen
zu gehen.

Floßfahrt,
wildes Wasser spülte uns
durch die Seelenlande,
an den Ufern, stille Welt.
Abenteuer,
im kleinsten Stil
und doch so groß?
Wir haben gelernt.
„Liebe dich selbst gesund."

Jeder,
fühlt den Besucher
seines Herzens.
Ist sicher auch schon einmal
Gast gewesen?
Was anfänglich
missverständlich war,
bekam ein anderes Gesicht.
Gesunde Selbstliebe,
ist der Plan
und ist sie eingezogen,
fühlt man Glück.

Nebelbänke
schweben höher,
ganz hinauf
zum Sonnenlicht.
Wunderbare Erde,
zeigt nun ihr Gesicht.
Grüner Gürtel
stolz getragen,
in seinen Zweigen
raschelt der Wind,
und an schönen Tagen,
erzählt er Geschichten uns.
Wir lauschen,
liegend auf grünem Moos.
Augenblicke, der Stille.
Wahrheitsgefühl

für uns ganz groß.
Liebe für die Seele in uns.

Das Grau des Tages,
es ruht nun schon,
die Sterne blinken hell.
Silbern scheint
die Sichel des Mondes
und alles Leben schweigt still.
Um ein wärmendes
helles Licht,
das Herz und Seele
leise berührt,
sitzen doch noch Menschen,
wie du und ich,
erzählen
was zu ihnen gehört.

Das Laute
wandelt sich in Stille,
sehe ich durch
geschmücktes Fensterglas.
Schaue in den
weiten Himmel,
der ganz besondere
Farben trägt.
Erinnerungen klopfen leise,
doch darf ich
ihnen Eintritt gewähren?
Wer weiß das schon,
auf meiner Reise?
Ich glaube nein,
das hatte ich schon.

Weißer Flockenwirbel
schwebt vom Himmel,
bedeckt
den Blätterlosen Wald.
Der einfach nur
Baum an Baum gereiht,
sich dem weiten
Himmel zeigt.
Ahnt er,
es gibt ein Wiedersehen?
So vielleicht in Grün?
Mit all den Farben,
die der Frühling wählt?
Ich schaue
durch geschmücktes
Fensterglas,
ein leises Lächeln
auf meinem Gesicht und da,

eine Schneeflocke,
strandet
auf dem Fensterbrett,
aus dem ich mutig blicke.
Ich ruhe in mir.

.

Der Abend kehrt ein,
der Tag geht schlafen.
Die Stille der Nacht
wartet schon,
in ihrem sternenklaren
Gewand.
Es wird sich zeigen,
kommt die Zeit,
ob Heilung
geschehen konnte.

Was die Nacht
auch erzählt,
es besucht
das Himmelszelt.
Weit hinauf finden Worte,
lassen sich bewegen
vom Glitzerschein.
Bis sie am Morgen
erwachen,
durch das Sonnenlicht.
Hier wird sich zeigen,
ob ein Wort,
davon auch
wirklich Liebe sprach.

Was zählt die Welt,
wenn du, den Einen triffst?
Dich anschmiegst,
an sein liebendes Herz?
Und Augen
versinken fast
in den stürmischen Seen,
die es gestern noch kaum
zu geben schien.
Du für diesen Menschen,
das bist, das er sich immer
ersehnt und wünschte?
Was zählt die Welt,
wenn du
deinem Wunder begegnest?

Gestern träumte sie,
von dem was wirklich
geschehen könnte?
Und doch kam es ihr
so unwirklich vor?
Sie erwachte
am hellen Morgen,
tanzend auf ihr
ein Sonnenstrahl.
Berührte
ihre Sommersprossen,
wärmte sie in ihrem Kleid.
Ein Traum, nein,
vielleicht ein Zeichen?
Doch sie glaubte es
ja kaum.

Seele ist alles,
sie ist Wahrheit.
In wem keine wohnt,
man fühlt es wohl.
Heilung,
kann doch nur geschehen,
wenn der Mensch
sich danach sehnt.

Einst,
lebte er keine Streitkultur,
rannte
geschlossene Türen ein.
Nur sein Wort hatte Gewicht.
Heute ist er ganz bei sich.

Du lebst,du lachst
und auch,
wenn du Fehler machst,
sie gehören wohl dazu.
Wichtig ist doch nur,
dass du sie erkennst.
Dazu stehst
und gelernt
nun vorwärtsgehst.
Es gibt keine Umkehr
auf dem Weg zur Liebe.

Wenn du kaum
einschlafen kannst,
beginn doch zu lachen.
Wenn du kaum weinen kannst,
erinnere dich doch.
Wenn du kaum
vergessen kannst,
geh in die Welt
und sieh was geschieht.
Wenn du Angst spürst,
sprich darüber, mit Einem,
dem du vertraust.
Was dich bewegt,
tief in deinem Seelenmeer,
lausche deiner Seele,
in aller Stille.

Die Gemächer der Königin,
großherzig, strahlend.
Ungemach
keinen Eintritt erfährt.
Nur dem Wahren
wird sie gewähren,
weil es bereit war,
Heilung zu erfahren.
Dennoch,
bestimmt die Königin
in ihrem Haus,
Türen bleiben verschlossen,
Eintritt erfolgt nur
in einen Raum, den sie selbst
nur dann besucht,
wenn sie erhören soll.
Welcher Raum das wohl ist,

das jedoch die Königin
mit keinem Menschen,
keiner Seele,
keinem Gefühl
nie bespricht.

Es sind doch oft
die einfachen Dinge,
die Herzen erfreuen,
Seelen erstrahlen lassen.
Ein freundliches Wort,
eine liebenswerte Geste,
ein guter Wunsch,
weil Liebe in ihnen wohnt.

Manchmal glaubte man,
alles zu spät,
Gefühle spannen Geschichten.
Doch als eine davon erzählte,
staunte man über
das Gesagte,
hörte ihr aufmerksam zu.
"Nur Selbstliebe
führt zu wahren Liebe."

Wenn der Elfen
bunte Kleider wehen leicht
im Sommerwind.
Wenn Engelherzen leuchten,
nachts
am großen Sternenzelt.
Wenn nur
die Gedanken auch,
einfach gut geordnet sind,
erfreut das
alle Welt zugleich,
weil es in uns
dann stimmig ist.

Deine Lügen
waren so schlecht,
sie bemerkte ein jedes Kind.
Doch meines
ganz besonders schnell,
weil es dich
nun lang schon kennt.
Es war
dein Grinsen im Gesicht,
schlimmer noch, das Gefühl.
Der,
der die Wahrheit spricht,
der lächelt,
einfach nur vergnügt.

Es ist die Ausdrucksweise,
einer Seele,
wenn sie lächelt, weil sie liebt.
Es ist ihr ein Vergnügen,
sich zu zeigen,
wie sie wirklich fühlt.
Worte,
die ehrlich wider klingen,
nimmt sie gern an,
andere lässt sie
durchmarschieren.
Fremde Blicke,
versuchen sich
lieblich zu zeigen?
Sie lässt sie aufblicken,
gelassen und mutig.

Sind sie gewachsen
mit den Jahren?
Liebe möchte leben.

Tulpen.
Rosa, lila, gelb, so schön,
viele Farben tragen sie,
wie eine Seele.
Doch durstet es sie
nach Wasser,
wie die Seele nach der Liebe,
braucht es auch
einen Menschen,
der sich heilt.

❦

Manchmal
waren Gedankengänge
zu verschlungen.
Betonierte Straßen,
Waldwege, links und rechts,
krumm und schief.
Im Gewirr zu viel gesehen,
kaum etwas erkannt.
Ruhe, ein Diamant,
der in der Stille
zum Glanz erstrahlt.

Das Frühjahr
drängt mit Kraft heraus,
der Sommer schau,er lacht.
Der Herbst
erzählt in bunten Farben,
der Winter leise spricht
in weißer Pracht.
"An manchen Tagen,
ein See gefroren,
doch überqueren
kann man ihn.
Und über des Sees
tiefem Grunde,
gehen Seelen
in Liebe, wie schön."

❋

Es waren
zu viele Differenzen,
Missverständnisse,
Wortgefechte.
Sie schossen wie Pfeile ein.
Rückzug,
um doch Vorwärtsgehen,
das ist dann die Devise.
Jeder für sich,
unglaublich schön.

Der Seelensee,
spiegelt das Grün der Bäume
in die kleine Welt.

Wenn am Abend,
die lauten Worte
des Tages gefühlt,
die Stille laut
und das Laute leise wird.
Wenn Träume
sich erlösen,
weil die Zeit gekommen ist.
Dann fühlen sie sich doch
in ihrem Sein glücklich?

Von Marion Jana Goeritz ebenfalls beim Verlag BoD erschienen (BoD Books on Demand, Norderstedt, nähere Informationen finden Sie unter www.BoD.de)

„Liebe für die Seele Band 1"
ISBN 978-3-7357-4045-8

„Liebe für die Seele Band 2"
ISBN 978-3-7357-7734-8

„Seelenweiß"
ISBN 978-3-7347-5769-3

„Seelen essen Liebe gern"
ISBN 978-3-7347-8706-5

„SeelenEngel"
ein spiritueller Erfahrungsbericht
ISBN 978-3-7386-2588-2

„SeelenSchlüssel"
ISBH 978-3-7386-3844-8

„Seelenfarben"
ISBN 978-3-7386-3947-6

„Seelenschimmer"
ISBN 978-3-7386-4014-4

„Seelenfinden"
ISBN 978-3-7386-4037-3

„Ein Gefühl meiner Seele"
ISBN 978-3-7386-1506-7

„Seelenfrieden" Danken, Bitten, Entspannung ein persönlicher Erfahrungsbericht
ISBN: 978-3-7386-4884-3

„Seelenweihnacht"
ISBN: 978-3-7386-5616-9

„Im Land unter dem Regenbogen" Wunderbare Märchen und unglaubliche Geschichten
ISBN: 978-3-7392-0115-3

„Freddy und seine Geschichten"
ISBN: 978-3-7386-3321-4

„SeelenWorte"
ISBN: 978-3-7392-0455-0

„Herzanker"
ISBN: 978-3-7392-3482-3

„Im Fluss der Liebe"
ISBN: 978-3-7392-3489-2

„Seelenklänge"
ISBN: 978-3-7392-3532-5

„Liebeslied"
ISBN: 978-3-7392-3548-6

„Wahre Traumtänzerin"
ISBN: 978-3-7392-3556-1

„Emilia Sommerfeld"
ISBN: 978-3-7392-3787-9

„Für mich war es Liebe“
ISBN: 978-3-8423-5362-6

„Kaleidoskop“
ISBN: 978-3-8423-5738-9

„Die verzauberte Wiese“
ISBN: 978-3-7412-0772-3

„Seelenbrücke“
ISBN: 978-3-7412-0890-4

„Wetterleuchten“
ISBN: 978-3-7412-2740-0

„Zentrifuge“
ISBN: 978-3-7412-4011-9

„Für Dich“
ISBN: 978-3-7412-4018-8

„Hannos Geschichten“
ISBN: 978-3-7412-9373-3

„Das Eulenherz“
ISBN: 978-3-7431-0009-1

„Eine Reise irgendwo hin“
ISBH: 978-3-7421-0042-8

„Ist das wirklich wahr?“
ISBN: 978-3-7431-1549-1

„Stille Momente“
ISBN: 978-3-7431-1586-6

„Engelszwirn"
ISBN: 978-3-7431-1594-1

„Anders"
ISBN: 978-3-7448-3582-4

„Wenn es spricht"
ISBN: 978-3-7448-3583-1

„Jonas und die Himmelsleiter"
ISBN: 978-3-7448-5452-8

„Farbenregen"
ISBN: 978-3-7448-5453-5

„Wellenfarbe"
ISBN: 978-3-7448-7311-6

Blanchefleur
ISBN: 978-3-7448-7415-1

„Winterzauber"
ISBN: 978-3-7448-9885-0

„Seele was denkst du dir?"
ISBN: 978-3-7448-9937-6

"Der Südwind
der aus dem Norden kam"
ISBN: 978-3-7448-8206-4

"Erinnerungsblick"
ISBN: 978-3-7460-1281-0

„Mosaik" Gefühle und Gedanken
Gedichte
ISBN:978-3-7460-1320-6

„Begegnung"
ISBN: 978-3-7460-9595-0

„Sternenozean"
ISBN:978-3-7460-9685-8

„Himmelsstern"
ISBN: 978-3-7528-5012-3

„Mut verspricht Lebendigkeit"
ISBN: 978-3-7528-5071-0

„Liebeswort-Gedichte"
ISBN: 978-3-7528-6639-1

„Wenn Schiffe wandern"
ISBN: 978-3-7528-6655-1

„Bunte Federstriche" Gedichte
ISBN: 978-3-7481-0960-0

„Himmelblau und Sonnenreich"
Tierseelengeschichten
ISBN: 978-3-7481-3289-9

„Durchreisen"
ISBN: 978-3-7386-5903-0

„Grüne Traummusik"
ISBN: 978-3-7392-4925-4

„Bewegung"
ISBN: 978-3-7481-4013-9

„Wolken am Himmelsrand"
ISBN: 978-3-7494-8219-1

„Schrittweise"
ISBN 978-3-7448-0116-4

„Das grüne Kleid im Labyrinth"
ISBN: 978-3-7504-0490-8

„Zweiundzwanzig Wegboten"
ISBN: 978-3-7504-0676-6

„Lamberts schönster Wunsch"
ISBN: *978-3-7504-5232-9*

„Die wunderbare Josepha"
ISBN: 978-3-7528-2254-0

„Galerie"
ISBN: 978-3-7448-8510-2

Weitere Informationen zu allen meinen Büchern oder zu Neuerscheinungen finden Sie immer auf meiner Seite

www.buchkaleidoskop.Reikipraxis-Goeritz.de